포기까지 않은 꿈

안병민 시집

도서출판 코레드

시인의 말

포기하지 않은 꿈이 인생을 시인으로 이끌다

극중(克重) 안병민 (시인, 한마음문인협회 부회장)

내 나이 고희古稀를 넘어서 산수傘壽가 더 가까운데 인생의 무상함을 말하면 무엇하리오. 하지만 김형석 연세대 명예교수는 60~75세가 인생에서 제일 행복하고 생산적인 나이였다고 하셨다. 이에 용기를 얻었고 운이 좋게 장순휘 시인님의 추천을 받아 등단을 하고 시를 쓰며 젊고 싱싱한 새로운 인생을 살아가고 행복한 세대를 누린다. 어둔하지만 가식없이 진실의 사유思惟로 시 한 편을 탄생하여 발표하면 기운이 솟는다.

어린 시절 내 꿈은 이런 것이었다.
초등학교 저학년때 수업이 끝나고 귀가하면 책보따리를 던져두고 동네 아이들과 소 몰고 산으로 간다. 그때는 농촌에서는 소가 재산목록 1호라 보물과도 같았다.
어느 날 학교방향에서 산 위까지 바람에 날려온 국회의원 후보자 연설 소리를 듣고 맹목적으로 나도 어른이 되면 "저거 다 해 보자" 하고 살아온 인생의 꿈은 이루지 못했지만, 버스도 한 번 타본 적 없는 산골 소년의 소박한 꿈을 탓할 수 있을까?

대학졸업 및 ROTC 10기 임관을 하고 사회생활을 하면서도 언제나 내 가슴에는 소년시절의 꿈이 뭉클댔지만 꿈은 꿈으로만, 급박한 회사생활은 잠시도 한눈을 팔 수 없게 만들었다. 무정한 세월은 지나가고 경제위기에서 이직移職을 하고 만학晚學으로 학위를 취득하여 신성대학교와 혜전대학교 외래교수 및 배제대학교 겸임교수로서 재직했던 때가 가장 의미있는 일을 하였다고 추억된다.

아주 어렸을 때 어머니는 우리 자식들이 풀이 죽어 있으면,
"야야... 기 죽지마라! 어느 누구도 뱃속에서부터 배워서 나오지 않는다. 뒷글 풀어서 말글이 되고 섬글 된단다."하시며 기를 살려주셨다.
'기죽지 말고 포기하지 말라'고 하시던 어머니 생전의 참교육은 내 인생 여정에서 역경逆境을 만날 때마다 새로운 전환점이 되어 희망의 활로를 찾아가는 등대가 되어왔다. 첫 시집 『포기하지 않은 꿈』을 아버지 안갑식님과 어머니 양봉석님의 영전에 바치고자 한다.

2018년부터 시 쓰는 공부를 시작하여 2019년 5월 월간 『문학공간』에 「고향 외 4편」으로 등단 및 신인문학상 수상하였다. 새로운 문학세계로 입성하여 새벽닭이 우는 줄도 모르고 시 쓰기에 전념하며 마음이 젊어졌다 하면 어느 누가 믿으리오! 시 한 편이 완성될 때마다 고향신문에서 초대 시인으로 위촉하여 실릴 때는 한없이 원기가 솟아나고 한없이 행복하다. 인터넷 함양신문 우인섭 대표님께 각별히 감사드린다.

이제 그 열매를 첫 시집 『포기하지 않은 꿈』에 담아 햇빛을 보게 되었다. 그리고 시를 더 사랑하고 더 좋은 시로 보답해야겠다고 다짐해 본다. 그동안 애써주신 사랑하는 아내 박영견 여사께 감사드리고, 사랑하는 아들 정석, 정균, 며느리 김정연에게도 고마운 마음을 전한다. 손자 재희야 사랑한다. 도와주신 모든 분들께 감사드립니다.

2022년 4월 20일
극중克重 안 병 민 背書

축사 I

시인의 길은 구도자의 길

김 사 연 (전 인천문인협 회장/수필가)

한마음문인협회 안병민 부회장님이 시집을 상재한다면서 축하 서문을 부탁했다.

예술은 지난한 수도승의 발자취를 좇는 구도자의 수행 과정이다. 그러므로 고통스럽고 외로운 자신과의 싸움을 항상 가슴에 안고 살아야 한다. 게다가 출판을 위한 경제적 부담까지 떠안아야 한다. 이런 과정을 거쳐 이 세상에 태어난 작품집은 당연히 독자들로부터 축하와 환호의 박수를 받아야 한다.

특히 시집은 소설이나 산문집과 달리 함축된 단어 하나하나에 작가의 숨결과 철학이 담겨야 한다. 이것을 소홀히 한다면 시집은 출판 공해물로 전락할 것이란 공식을 작가들은 한 순간도 잊으면 안된다. 시인이란 호칭 부여는 작가 스스로가 아닌 독자들의 몫이기 때문이다.

안 시인의 많은 작품을 읽고 가슴에 와 닿는 작품을 골라 보았다.

비가 오는 / 날에는 / 전화하는 / 아내가 있다 // 집에 들어올 때 / 막걸리 한 병 사 오란다 // 파전 지지미 / 맛있게 만들어 / 한잔하자고 // 정성 가득 / 행복 가득 / 술잔에 담아 / 잔을 추스리고 // 오늘도 / 장미빛 미래를 / 그리며 / 사랑 잔을 든다. (「아내의 전화」 전문)

자식을 모두 출가시킨 후 부부만의 공간을 오붓이 누리고 있는 부부가 있다. 어느 비 오는 날 막걸리를 사 오라고 부인이 먼저 전화를 한다면 서민에게 이보다 더 큰 행복은 없을 것이다. 이런 가정이야말로 모 TV 방송 프로그램인 〈서민 갑부〉의 주인공이 아닐까?

야야 애비야 / 별일 없냐? / 요즘은 어찌 / 그렇게 전화도 없느냐? / 아 — 네 / 어머님은요? / 나야 그냥저냥 지낸다 / 너나 어쨌든 / 건강해라 // 집안 단단히 / 챙기라 하시고 / 전화비 걱정에 / 빨리 끊어 라시던 어머님 // 그 어머님의 전화 / 목소리가 / 오늘따라 / 그립습니다. (「안부 전화」 전문)

    자식이 안부 전화를 하면 전화비 걱정을 하며 빨리 끊으라 하면서 늘 자식의 안부 전화를 학수고대하는 것이 부모의 숨은 속마음이다. 하지만 자식들은 사회생활에 바쁘단 핑계로, 제 자식 내리 사랑 때문에 진자리 마른 자리 가리며 키워준 어머니의 은혜를 잊고 살아가는 것이 뼈아픈 현실이다. 후회의 한숨을 쉬며 어머니를 그릴 때쯤 아마도 우리 모두의 어머니는 그리움의 저편 세상으로 떠나셨을 것이다.

    동네 뒷산에서 / 밤톨을 주우며 / 옹골찬 어린 가슴이 / 설레이던 / 그런 시절이 그립습니다 // 동네 이발소에서 / 해묵은 기계에 / 머리털이 뜯겨도 / 아파하며 깎아야 했던 / 어린시절이 / 그립습니다 // 먹을게 없어 / 땡감을 / 잿물에 삭혀 / 깨물어 먹었던 / 어린 시절이 그립습니다. (「한가위 추석에」 전문)

    노년의 세대에 들어선 독자층은 넉넉지 못했던 어린 시절의 아련한 추억을 가슴에 묻고 있다. 잊으려 하지도 않지만 세월의 약발에도 결코 지워지지 않는, 주마등 같은 희미한 기억이다.
    배고픈 시절 뒷동산에 올라 밤을 줍던 기억, 동네 이발소 의자에 눈을 질끈 감고 앉아 낡은 바리깡에 머리칼을 뜯기다 보면 어느새 두 눈엔 구슬 같은 눈물이 그렁그렁 맺혔다. 떫은 맛을 없애기 위해 빨간 감을 양잿물에 삭혔던 기억도 엊그제 일처럼 생생하다. 이처럼 어린이는 꿈을 먹고 살고 노년은 추억을 되새김질하며 사는 것이 바로 우리네 인생인 것이다.

예술은 감동의 집합체이다. 제아무리 미사여구가 만발한 문장이라도 감동을 불러일으키지 못하는 글은 단순한 문자일 뿐 문학이 아니다. 안병민 시인의 시는 먼 추억을 소환해 감동으로 승화시켰다.

시집 상재를 축하드리며 끝없는 성진으로 더 큰 영광을 누리시기 바란다.

김사연 프로필

1950년 인천 남동구 만수동 출생
1991년 월간문학 수필 신인상 - '동전 세 닢'

[저서]
그거 주세요(1997, 건강 수필집)
김약사의 세상 칼럼(2003, 칼럼 수필집)
상근 약사회장(2006, 에세이 칼럼 수필집)
펜은 칼보다 강하다(2009, 칼럼 수필집)
진실은 순간, 기록은 영원(2014, 칼럼 수필집)
요지경 세상만사(2018, 칼럼 수필집)
백수가 과로사한다(2020.칼럼 수필집)

[이력]
현 인천문협 이사
현 인천지방검찰청형사조정위원
현 인천남동경찰서 경찰발전위원회 자문위원
현 국민건강보험공단 인천남동지사 자문위원
인천마약퇴치운동본부 고문

[이력사항]
인천시약사회장
인천시궁도협회장
인천문협 회장
전국약사문인회 경인지부장
전국대표에세이문학회 회장
티브로드인천방송 제2기 시청자위원회 위원장
동아제약 사보 '동아약보', 대일화학 사보 객원기자
E-mail : sayoun50@hanmail.net

[수상 경력]
월간문학 신인상(1991년)
전국8미리소형영화 콘테스트 우수작품상(1979년)*
약사공론사 주최, ㈜일양약품 후원 약사문예 생활수기 당선(1981년),
약사문예 수필 가작(1991년)
약사공론사 주최, ㈜위드팜 후원 '제1회 약국수기' 특별상 수상(2013년)
동암 약의상(약업신문사, 2013년)
인천시문화상(문학부문-2014년)

[사회활동]
민주평통 대통령 표창(2010년)
정부포상 국무총리 표창(마약퇴치, 2008년)
보건복지부장관상(2005년)
남동구 구민상(사회봉사, 2002년)
대한적십자사 유공 금장(2007년)
약사금탑상(대한약사회, 2012년)

축사 II

여러 의미를 담고있는 안병민 시인의 시집

韓 正 熙 (前 KBS 드라마 감독)

詩는 상상력의 산물이지만 그 상상력의 근간은 시인 삶의 오랜 궤적 속에서 우러나오는 결과물일 겁니다.

안병민 시인은 어떤 삶을 살아오셨을까 궁금증이 생기지만 안 시인의 시를 읽어보면 다음과 같은 느낌이 옵니다.

첫째, 따뜻하다,
둘째, 서정성이 높고 고향에 대한 사랑이 가득하다.
셋째, 어머니에 대한 지극한 사랑과 그리움이 높다.
넷째, 대한민국에 대한 애국심이 높다.

시를 쓴다는 것은 시인의 마음속에 있는 그림을 글자로 그려내는 것이기에 안 시인의 가슴속에 숨어있는 서정성과 따뜻한 감성이 제 가슴에 깊이 전해 옵니다.

태양과 전기줄이 연결되었는가 / 흩어져 떠돌던 거침없는 폭염세례 봉숭아 꽃밭에 쏟아 붓는 하오의 열기 / 봉숭아는 밀려오는 졸음을 참지못하네 / 환한 달빛 아래서는 별을 헤아리며 분홍빛 예쁜 꽃을 피우고 / 햇빛은 대나무숲을 / 화사하게 비추고 / 개울물은 소슬바람에 / 졸졸 흘러 내리고 / 당신과의 사무치는 연정은 / 별빛에 실어 보내리. ('봉숭아 꽃밭에서' 전문)

눈빛으로 보면 / 샛노랗게 골이진다 / 달콤한 냄새를 맡는다 잘 익었다 / 보면 볼수록 잘 익었다 / 너도 참 잘 익었다 ('참외' 전문)

또한 고향에 대한 사랑과 그리움이 가득한 시들을 보게 되는데 고향이란 어느 누구에게나 짙은 향수와 함께 언제나 찾아가도 항상 나를 보듬어주는 영원한 안식처이지만 안 시인에게 고향은 남다른 고향인가 봅니다.

일천년 역사의 천령문화 / 상림上林*의 푸른 잎에 담아 / 지리산에서 덕유산까지 / 사만 군민의 후덕한 가슴속에 / 고고한 선비의 혼 살려 / 잔잔한 자유 물결속에서 / 활짝 피어나는 산삼축제가 / 세계인이 하나되는 / 천령天嶺문화 꽃입니다 / 숲속에 있는 연리목은 / 소원을 들어준다는 / 소문에 사람들이 / 줄지어 모여들고 / 젊은 연인들은 정성으로 / 기도하면 사랑도 이루는 / 천령문화로 남녀노소 / 하나되는 고향의 정겨움입니다 / 봄이면 밭갈고 / 가을이면 알곡 거두어 / 꿈과 희망이 영글고 / 이웃집 새댁이 활짝 웃으면 / 논둑에서는 노래소리 들려오고 / 고샅고샅에는 아이들 / 재잘재잘 어울림이 / 이슥한 밤하늘 푸른 별빛이 / 쏟아지는 줄 모르던 / 행복한 고향 함양입니다. / ('고향 예찬' 전문)

*함양상림숲. 천연기념물 154호

지리산 자락 / 내고향 칠월은 / 싱그럽고 푸르기만한데 / 칠선 계곡 원류 / 약수같은 강물이뤄 / 물살에 은어도 반짝이며 / 심원 계곡따라 / 천혜의 비경은 / 한 폭의 산수화를 그렸네 / 가족들 모깃불에 둘러앉아 / 장롱 속 숨겨놓은 이야기로 / 여름밤은 깊어만가는데 / 어느새 무더위 조차 / 강물에 녹아내려 / 색동옷으로 물들어오고 / 산들이 단풍옷 입고 / 강물위로 떠 내려오는데 / 손 담가도 잡을수가 없구나! ('엄천강에서' 전문)

안 시인의 고향 함양은 아마 안 시인이 도시에서 살면서 어머니를 자주 만날 수는 없어도 언제나 가슴에 품고 살았던 그리운 어머니였던 것 같습니다.

고향집 / 장독대옆 / 석류나무 / 한그루를 / 심으신 어머니 / 애지중지 키우시며 / 석류를 기다리는데 / 대답이 없었네요 / 석류가 영그는 / 가을이 오면 / 생각나는 어머니 / 어머니를 / 애타게 불러도 / 대답이 없어 / 타들어 가는 / 새빨간 / 가슴을 열고 / 알알이 맺힌 / 그리움을 / 석류는 별들에게 / 물어봅니다. ('석류나무' 전문)

황토밭에 당당히 / 뿌리내려 / 하늘을 쳐다보고 / 누워있는 푸른 청치마 / 우리엄마 / 푸릇푸릇 검푸른잎 / 속살 씻어내고 / 이리저리 쪼개어 / 천일염 쓰윽쓱 뿌려 / 조물조물 손맛들여 / 고추 양념버무리고 / 아삭아삭한 겉절이 / 어머니의 정성으로 / 우리가족 상차림을 / 행복하게 하는데 / 이제 그맛 겉절이 / 어디서 볼 수 있을까? ('얼갈이배추' 전문)

고향집 장독대 옆에 석류나무를 심고 도시로 나간 아들의 건강과 성공을 빌었던 안 시인의 어머니가 눈에 그려집니다. 이 〈석류나무〉 시는 어머니를 향한 아들의 사모곡으로, 노래 한 자락 만들어지면 어떨까 생각이 듭니다.

또한 안 시인의 나라에 대한 깊은 애국심입니다. 평소 나라걱정을 많이 하던 안 시인의 성정으로 봤을 때 이번 2022년 3·9대선에 대한 생각을 한줄기의 시로써 표현한 게 아닌가 생각됩니다.

엄동설한 / 나목으로 / 겨울을 보내며 / 연두빛 실눈으로 / 나뭇가지에

/ 찰싹붙어 / 작은 생명씨를 / 지켜낸 너 / 매화는 / 겨울 햇살에 피어나고 / 봄 햇살은 / 대지의 생명을 깨우고 / 이제 / 푸른옷 버들잎 끝에 / 봄바람 불어오면 / 저멀리 / 강가에서 정겨운 / 노래소리 흥겹게 들려오네.

('봄햇살' 전문)

안병민 시인의 시집출간에 대한 축하글을 쓰고자하니 평생 TV드라마만 40여 년간 기획·연출해왔던 필자로써는 어떤 글로 축하를 해 드릴지 다소 머뭇거림이 있었습니다. 그러나 다시 생각해 보니 시를 집필하는 것이나 드라마를 연출하는 것이나 무無에서 유有를 만들어내는 창조행위로는 모두 같은 작업이라는 생각이 들었습니다.

그래서 일반적인 축하글과는 다른, 저만의 축하글을 만들어 보았습니다. 여러 의미를 담고있는 안병민 시인의 시집출간을 축하드리고, 앞으로도 모든 독자들의 가슴에 감동을 주는 좋은 시를 계속 선물해 주시길 하나님께 기도드리며 큰 박수로 다시 한 번 축하드립니다.

한정희 프로필

극단 서울대표
KBS문화발전위원회 의장
KBS드라마제국 국장프로듀서
방송통신심의위원회 연예오락

방송특별위원회 심의위원
전 kBS드라마감독
현재
TV드라마 프리랜서 프로듀서

축사 III

온 누리 가득 시인의 향香이 가득하길...

지 연 경 (한마음문인협회 및 시조인천 사무국장)

안병민 시인의 첫 시집은 뒤늦은 열정 못지않게 밝은 시들이 가득합니다. 구수한 사투리와 인자한 외모와 달리 젊고 감성적인 언어들로 나이를 가늠하기가 어려울 정도입니다. 경남 함양 지리산 자락이 고향인 시인은 시 곳곳에 포근하고 넉넉한 인심과 풍경을 보여줍니다.

사립문을 열면 지금이라도 반겨 줄 어머니가 숨 쉬는 (어머니)
천년의 문화가 있고 전설이 있어 누구라도 가고 싶은 (고향 예찬)
꿈과 희망이 영글어서 노래가 되고 꽃이 피던 유혹을 피할 수 없는 곳
(가을 노래)

그곳이 시인에게는 고향이자 시입니다. 밤하늘 쏟아지는 초록별을 보고 성장한 시인은 늦게나마 고향을 추억하고 그리운 사람을 기억하고 마침내 고향 숲으로 함께 가자고 부릅니다. 시인의 많은 시를 읽으며 저 역시 이번 여름에는 상사화 열병한 길을 누군가 같이 가리라, 마음먹었습니다.

언제 어디서든 넉넉한 고향의 품이 시인에게 시를 안겨준 것은 숙명일지 모릅니다. 본향本鄕을 그리워하는 애정 깊은 시인, 그리고 작은 인연조차 소홀하지 않은 순심純心 가득한 시인.

온 누리 가득 시인의 향香이 가득하길 기원드리고, 축하드립니다.

목차

들어가는 글

시인의 말

안병민　포기하지 않은 꿈이 인생을 시인으로 이끌다　　i

축 사

김사연　시인의 길은 구도자의 길　　iii

한정희　여러 의미를 담고있는 안병민 시인의 시집　　vi

지연경　온 누리 가득 시인의 향이 가득하길…　　x

1부. 내 사랑 유림

봄 햇살　20
통도사의 홍매화　22
봄바람　24
버들강아지　25
고향 예찬　26
봉숭아 꽃밭에서　28
석류나무　30
유월의 서정　32
참외　34
칠월에는　35
수박　36
까치밥　37
별과 등대　38
만추의 밤배　39
반달　40
연꽃은　41
내 사랑 유림　42
얼갈이 배추　44
고향　45
하늘과 바다　46
호수는 달을　47
엄천강에서　48

2부. 매화꽃이 피는 날

매화꽃이 피는 날 52

봄의 서정 54

봄처녀 55

입춘 56

봄날이 오면 58

봄 60

초승달빛 아래 복사꽃 피다 62

4월의 향연 64

오월은 66

6월의 그리움 68

초록의 칠월에 69

8월의 서정 70

가을 여정 72

가을 연정 74

가을 사랑 1 76

가을 사랑 2 78

가을 정경情景 79

가을 80

9월의 오솔길 81

가을 밤에 82

들국화 84

제주의 가을 1 86

제주의 가을 2 87

입동 88

첫눈 89

첫눈이 오는 날에 90

3부. 포기하지 않은 꿈

포기하지 않은 꿈　94
4살 손자　95
손자가 오는날　96
손자의 꿈　98
아기 거북이　100
원장님 손은 약손　102
아내의 전화　104
아빠 좋아　105
김장 김치　106
행복한 명절　108
돈　109
안부 전화　110
인생길　111
한글날　112
한글의 힘　113
무궁화　114
무궁화 꽃이 피었어요　116
연꽃은　118
나팔꽃 연정　120
사루비아　122
조개구름　123
은빛 물결　124
한가위 추석에　125
자유 소리　126
그리움　127
그림자　128
첫눈이 내리는데　130
눈 오는날　132
신축년의 새아침이 열리다　133
임인년의 새 아침에　134

문학평론

장순휘 『포기하지 않은 꿈』이 이룬 안병민의 시　136

1부
내 사랑 유림

봄 햇살
통도사의 홍매화
봄바람
버들강아지
고향 예찬
봉숭아 꽃밭에서
석류나무
유월의 서정
참외
칠월에는
수박
까치밥
별과 등대
만추의 밤배
반달
연꽃은
내 사랑 유림
얼갈이 배추
고향
하늘과 바다
호수는 달을
엄천강에서

봄 햇살

엄동설한
나목으로
겨울을 보내며

연두빛 실눈으로
나무가지에
찰삭붙어

작은 생명씨를
지켜낸 너

매화는
겨울 햇살에 피어나고

봄 햇살은
대지의 생명을 깨우고

이제
푸른옷 버들잎 끝에서
봄바람 불어오면

저 멀리
강가에서 정겨운
노래소리 흥겹게 들려오리라.

통도사의 홍매화

1
영축산 머리에는
백발이 성성하고
살얼음 도랑에는
서리발이 서려있는데

통도사 영각뜰에
매화나무 한그루
많이도 달려있는
홍매화 꽃눈이 웃네요

봄바람 스칠때는
연분홍 꽃망울 터져
꽃양산이 펼쳐집니다

2
자장매화慈臟梅花는 멀리서
보아도 예쁜데
가까이서 보면
새색시 연지볼처럼

연분홍 꽃잎 너무 예뻐요

매향梅香따라 켜켜히
줄지어 모여드는 연인들
꽃비맞으며 부둥켜안고
사랑을 속삭이네요

그대는 오지않는데
혼자 무엇이 그리좋아
수백년을 하루같이
그리 짧은 생을
예쁘게 피어야하는지요?

봄바람

매화는
속살을 살랑대며
천사가 되어
살짜기 내 가슴에
안기우고

벚꽃은
홀라당 벗고서
바람질에 춤을 추네
아, 아! 이것이
봄바람.

버들강아지

버들강아지
제 살을 찢으며
세상에 나와

입가에
봄 내음
코 끝에 감돌고

세상도
민초의 가슴에
버들강아지 마냥
보슬보슬 피어나는

자유의 봄이
정녕 오시는가?

고향 예찬

1
일천년 역사의 천령문화
상림*上林의 푸른 잎에 담아
지리산에서 덕유산까지

사만 군민의 후덕한 가슴속에
고고한 선비의 혼 살려
잔잔한 자유 물결속에서

활짝 피어나는 산삼축제가
세계인이 하나되는
천령天嶺문화 꽃입니다

2
숲속에 있는 연리목은
소원을 들어준다는
소문에 사람들이
줄지어 모여들고

젊은 연인들은 정성으로
기도하면 사랑도 이루는

천령문화로 남녀노소
하나되는 고향의
정겨움입니다

3
봄이면 밭갈고
가을이면 알곡 거두어
꿈과 희망이 영글고

이웃집 새댁이 활짝 웃으면
논둑에서는 노래소리 들려오고
고샅고샅에는 아이들
재잘재잘 어울림이

이슥한 밤하늘 푸른 별빛이
쏟아지는 줄 모르던
행복한 고향 함양입니다.

*함양상림숲 : 천연기념물 154호
진성여왕때 최치원선생이 조성한 면적 21ha의 인공숲.

봉숭아 꽃밭에서

태양과 전기줄이
연결되었는가
흩어져 떠돌던
거침없는 폭염세례

봉숭아 꽃밭에
쏟아 붓는 하오의 열기
봉숭아는 밀려오는
졸음을 참지 못하네

환한 달빛
아래서는
별을 헤아리며
분홍빛 예쁜 꽃을 피우고

햇빛은 대나무숲을
화사하게 비추고
개울물은 소슬바람에
졸졸 흘러 내리고

당신과의

사무치는 연정은
별빛에 실어 보내리.

석류나무

고향집
장독대옆
석류나무
한그루를
심으신 어머니

애지중지 키우시며
석류를 기다리는데
대답이 없었네요

석류가 영그는
가을이 오면
생각나는 어머니

어머니를
애타게 불러도
대답이 없어

타들어 가는
새빨간
가슴을 열고

알알이 맺힌
그리움을
석류는 별들에게
물어봅니다.

유월의 서정抒情

초록의 바람이
산자락에서 불어와
초록물에 젖어들고

하얀 밤꽃 향기가
코 끝에 감돌며
벌들이 나는 소리는

영롱한 아침 이슬처럼
청청하게 들려오누나

그대가 가던 길가엔
앵두의 향이 밀려오고
장미꽃 매혹에 끌려
가던길 잠시 멈추는데

나그네도
발걸음 멈칫거리며
차들도 창문으로
들숨을 내어 쉬고

6월의 초록 산친에
청보리 익어가는데
길섶으로

이쁜 들꽃이
아장아장
걸어 가며
이쁘게 길을 내어준다.

참외

눈빛으로 보면
샛노랗게 골이진다
달콤한 냄새를 맡는다

잘 익었다
보면 볼수록 잘 익었다
너도 참 잘 익었다.

칠월에는

진초록의
들판에는
된바람이
불어오고

농부의 가슴에는
기쁨을 만끽한채
신축년은 칠월 초하루
반환점을 돌아나온다

녹음 짙은 공원의
오솔길에는
화사한 나리꽃이
댕댕 종을 치고

그대가 오는
길목에는
백일홍 꽃길을
만들어 드리오리다.

수박

선명한 검정줄이 있고
청색이 짙을수록
잘 익었다

골이 지어지고
쇠소리가 통통나면
참 잘 익었다

선명한 빨강에
설탕같은 서릿발이
제일 달고 달다.

까치밥

우리집 뜰앞
감나무에는
십수개의 까치밥이
잔설에 익어
듬성듬성 환한
등불을 켠다

이른 아침부터
그 길 따라 찾아온
허기진 까치들의
아침상이 차려진다

사이사이 자리잡아
날개를 파닥이며
한 겨울 젖줄같은
홍시에 노래하며
춤추고 즐기다가

까치들은 떠나고
가지끝에 매달린
바람이 스친 자리엔
아직 까치밥이 남겨져 있구나!

별과 등대

은하천 별빛이
밤바다에 내려
아름다운
별바다가 되네

별들은
일렁이는 파도에
파도를 타며 노닐고

등대는 별들의 부름도
별들의 원망도 잊은채

하얀 밤이 새도록 불밝히는
장승이 되어 배들의
길라잡이가 되는데

저 멀리 수평선 넘어
뱃고동 소리에
등대는 길을 내어주네.

만추의 밤배

엄천강
빈 나루에는
애처로운 달빛

소슬바람에
귀뚜리도 울음울며
짝을 찾는 만추晩秋

그리움 가득담고
기다리던 조각배

별빛이 가득한
은하천銀河川을
건너려
오늘 밤
그대를 태우고
달빛 아래 물살을 가르네.

반달

누우런
호박 같은 둥근달
행복반 사랑 반씩
나누어 반달이 되었네

행복 반달은
호수에 내려앉아
사랑이 가득한
하늘의 반달을
쳐다보고 있네

사랑스런
눈빛으로 내려보는
하늘의 반달이
사랑으로 가득채워
하나 되자고 하네

그들은 마주보며
한 밤을 지새우고
사랑과 행복으로
하나되어
하늘을 오르고 있네.

연꽃은

새벽 이슬
또르롱 구르는
연꽃잎에서
아침이 열린다

연밭은 머드빛
진흙뻘로 혼탁해도
청순한 소녀처럼
언제나 피어나고

붉은 입술에
담긴 말씀
중생 사랑의
자비로운 미소

부처님 앉으신
연꽃 자리에
부처님의 은혜가
언제나 피어 있네.

내 사랑 유림

내가
태어난 유림은
지리산 자락에
화장산 줄기가 감싸며
산수가 조화된 밝고
따뜻한 명당입니다

우리땅 어딜가나
살기 좋은 곳이지만
칠선 계곡* 일급수 원류인
엄천강*에는 은어도
반짝이는 아름다운
선비 고을입니다

조상 대대로
살아오며
구슬땀이 옥토되어
해 마다 논밭에서는
오곡백과가 풍요롭게
익어가는 고장입니다

후하고 넉넉한
순박한 인심에
서로서로 도우고
나누며 기죽지 않고
살아가는
생기있는 고향입니다

방방곡곡
흩어져 살면서도
마음 한자락에 두고서
잊을 수 없는 곳
내 삶의 사랑이 깃든
유림이랍니다.

* **지리산 칠선 계곡** : 경남 함양군 마천면 소재 우리나라 3대 계곡 중 하나다.
  7개의 폭포와 수많은 소沼가 있다.
* **엄천강** : 지리산 백무동 계곡과 칠선 계곡의 원류로서 휴천면과 유림면을
  휘감아 흐르는 강이다.

얼갈이 배추

황토밭에 당당히
뿌리내려
하늘을 쳐다보고
누워있는 푸른 청치마

우리 엄마
푸릇푸릇 검푸른잎
속살 씻어내고

이리저리 쪼개어
천일염 쓰윽쓱 뿌려
조물조물 손맛들여

고추 양념 버무리고
아삭아삭한 겉절이

어머니의 정성으로
우리가족 상차림을
행복하게 하는데

이제 그맛 겉절이
어디서 볼 수 있을까?

고향

백두대간
끝자락에
아련한 추억이
서려있는 노루목

언제나 가고싶은
고향의
아담한 기와집

워낭소리 마당에 깔리면
매캐한 모기불에
삼복 더위 태우고

감자캐고 고추따며
나락 익어가는 소리에
꿈이 영글던
정이 서린 곳

머나먼 길
마다 않고
나도 모르게
마음 벌써 그곳으로 가있네.

하늘과 바다

하늘과 바다는
부부인가 봐요
하늘은 살포시
바다를 안아주면
바다는 내려온
하늘에게 활짝 웃으며
다독거려 주네

하늘과 바다는
쌍둥이인가 봐요
하늘도 푸르고
바다도 푸르고
푸른옷 입고
항상 마주보고 있네

하늘과 바다는
친구인가 봐요
하늘의 별들이
바다에 내려앉아
파도와 친구가 되어
하얀 밤을 지새우네.

호수는 달을

호수는 달을
올려 보다가
가슴으로 받아준다

얼굴도
씻어주고
숨결도 불어넣고

밤새도록
너울너울
물놀이를 한다

별들도
찾아와
노래를 부르고

새벽이 되어
이슬이 찾아와도
호수는 그대로구나!

엄천강에서

1
지리산 자락
내고향 칠월은
싱그럽고 푸르기만한데

칠선 계곡 원류
약수같은 강물이뤄
물살에 은어도 반짝이며

심원 계곡 따라
천혜의 비경은
한 폭의 산수화를 그렸네

2
가족들 모깃불에 둘러앉아
장롱 속 숨겨놓은 이야기로
여름밤은 깊어만 가는데

어느새 무더위 조차
강물에 녹아내려
색동옷으로 물들어오고

산들이 단풍옷 입고
강물 위로 떠 내려오는데
손 담가도 잡을수가
없구나!

2부
매화꽃이 피는 날

매화꽃이 피는 날
봄의 서정
봄처녀
입춘
봄날이 오면
봄
초승달빛 아래 복사꽃 피다
4월의 향연
오월은
6월의 그리움
초록의 칠월에
8월의 서정
가을 여정
가을 연정
가을 사랑 1
가을 사랑 2
가을 정경情景
가을
9월의 오솔길
가을 밤에
들국화
제주의 가을 1
제주의 가을 2
입동
첫눈
첫눈이 오는 날에

매화꽃이 피는 날

매화꽃이
피는 날
당신이 온다는 그 길
따라 걷고 있어요

꽃송이 처럼
포근하고, 아름다운
여림의 봄속으로
가고 있어요

그 길은 가슴을
따뜻하게 하고
꽃잎의 매혹에 끌려
외롭진 않아요

꽃송이 처럼
포근함이 좋아
꽃장난을 치면
시샘이 나는 길이지요

어둠이

내리는데
매화꽃이 등불이 되어
다시 찾아 가지요.

봄의 서정

신새벽 하늘에는
금빛 별들이
반짝반짝
봄노래를 부르고

아침 바다에는
은빛 물결이
살랑살랑
꽃바람을 실어오며

산하계곡 들에는
연두색 생명들이
파릇파릇
대지를 일깨우네.

봄처녀

봄처녀가
그대를 닮아
상큼한 봄꽃이 되어
아름답습니다

그대가
오신다기에
길목마다 꽃등을 밝혀
애타게 기다립니다

하이얀
밤길이라
에움길로 오시는가
내가 그 길로 가고 있습니다.

입춘

1
봄이여
일어나소서

나뭇가지위 새들
눈망울 초롱초롱
날개를 파닥이며
까치도 새집을 짓는다

뜨락까지 따라오던
소한小寒의 냉기도
입춘의 훈풍에 밀려나는데

활기찬 봄이여
얼른 오소서

2
대지의 숨소리에
연분홍 매화도
제 피부 벗기며 실눈을 뜨고

새 생명 꿈틀거리며
생명을 불어넣는데

생기찬 봄이여
기쁘게 오소서!

봄날이 오면

아직은
마른가지
꽃눈에도
계곡의 개울물도
입춘 추위에 오그리고
돌돌 굴러갑니다

봄날이 오면
그대 환한
모습으로 남녘의
꽃소식을 치마폭에
가득 담아 오신다는
날을 기다립니다

홍매화도 피고
하얀 목련도 피고
개나리도 피고
앞산 진달래도
피며는 넉넉한
내 마음을 보내렵니다

내 가슴속에
가득한 맑은 사랑과
기쁨을 주는
예쁜 꽃마차는
그대가 오시는 날에
고이 보내드립니다.

봄

하늘에는 흰구름이
하늘하늘 오고 가며
화폭에 수묵화를 담고

봄비를 내려
웅크리고 있던 씨앗에
생명을 불어넣네

바다에는 물보라가
봄 햇살에 반짝반짝
은빛 수를 놓는데

오가는 뱃전에는
어부들의 노래소리
구성지게 들리고

산골 푸른 계곡
옹달샘은 생기를 찾아
계곡을 채운다.

초승달빛 아래 복사꽃 피다

연분홍 깊은밤
은하천의 대장별,
부엉새는
춘심春心을 알리오.

초승달빛 타고
봄바람 불어오면
한송이 한송이
복사꽃 피어내는데

파아란 하늘이
꽃나무에 기대
강물위로 꽃비가
주루루 내리는구나

하늘가에
종달새
우지지며

기다리던
그대 오는 길에

꽃비가 내릴때

복사꽃
징검다리를 놓을까
예쁜 꽃비
양산을 준비할까?

4월의 향연

햇빛을 모아
지하로 보내면
나무 뿌리에서
꽃씨의 뿌리에서
힘차게 물을 퍼 올리리라!

그 힘찬
요동치는 소리에
봄을 시샘하던
삭풍은 휘청거리며
북쪽 하늘을 넘어갔어요

그 자리에
봄꽃들이 줄을 서는데
이미 남녘에서는
매화가 봄바람이 나서
살랑대며 서울로 올라왔어요

이제
연분홍 치마에
선녀처럼 춤추며

아름다운 벚꽃도
달빛에 어려서 오고 있어요

사월에는
온천지 산천에 꽃들의
향연속에 사랑을 고백하고
그대가 오시는 길에
예쁜 꽃길을 만들어 드리겠어요.

오월은

장미꽃이
흐드러지게 피고
초록물결 일렁이는
공원의 둘레길 길섶에

새색시 연지같은
새빨간 앵두가
가지마다 주렁주렁
익어가는 오월의 하오

꾀꼬리 한 쌍이
원시적 본능으로
짝을 부르는
애절한 울음소리
들려오는데

초록의 바람이 머무는
숲속 초막집 카페에 앉아
진한 커피를 마시면서

저 멀리 흰 구름 위에

걸터앉은 푸른 산야를
바라보고 있노라면

그대의 그리움이
초록바람에 묻어오고
내 마음 가고싶은 것은
왜일까?

6월의 그리움

아카시아 꽃잎은
다시는 오지 않을
바람의 강을
건너는 유월

그 그리움이
감나무잎 끝자락에
머무는
늘 푸른 6월이지요

하얀 나비는 푸른 바다를
숲인양 앉았다가
발끝이 물에 젖어
다시 날아 오르고

뻐꾸기는 뱁새 둥지에
새끼를 입양하고
이산저산 오고 가며
애닯게 부르지요

초록의 숲에서
파도이는 바다에서
진초록 바람을 담아
그대에게 그리움을 보내네.

초록의 칠월에

진초록의 파노라마가
펼쳐지는 산천에는
노래소리 들려오고

농부의 가슴에는
오곡이 알알이 맺히고
미소는 입술에서 열리고

앞산 숲속에서는
꾀꼬리가 아가 찾아
이산저산 오고 가며

치자꽃 향기 따라
길을 걸어 가서

치자꽃 한송이
안부대신 보내어
꽃밭을 만들고

그 꽃밭에서
풍겨오는
그대의 인향
보내주소서.

8월의 서정

연인들의
입맞춤이
저렇게 불타오를까

잠못 이루는
열대야를
끊어주는 말매미가

감나무에
매달려
사랑찾아 울어대는데

산야의 짙푸름은
차고 넘치는
8월의 하오

붉은색
백일홍 꽃나무
그늘 아래에 서있노라

불어오는 소슬바람이
선홍색 얼굴을
간지러 주노마는

폭염도
가을 손길에
슬며시 눌리고

길섶에 쑥부쟁이꽃
햇빛에 달구어져
졸고있구나!

가을 여정

펜션을 찾은
친구들과
만남은

깊은 가슴속에서
웃음이
터져 나온다.

지구의 앞뜰 한켠에
파란 잔디가
가지런히 누워있고

그 위에
가설된 상차림에
둘러앉아
와인잔을 부딪히며

기타줄에 잔잔하게
노랫소리가
음율을 타고있네

청색하늘 드높고
하이얀 구름은
포근하게
웃으며 손짓하는데

이 가을은 불타는
열정으로
그를 사랑하고

그 고운 모습을
보내는 마음
슬픔이 가득하네!

가을 연정

올 가을은
그대가 더욱 더
기다려 집니다

푸른 하늘에는
기러기 짝지어
여유롭게 나르고

강물은
서해안 품에 안겨
유유히 흘러갑니다

기러기도
푸른 창공을 날아
집을 찾아가고
돛단배도 나룻터로 가지만

주인없는 집엔
그대가 오지않아
잠못 이루고 있습니다.

가을 사랑 1

올 가을은
그대가 더 많이
그리워 집니다

푸른 하늘에는
흰구름 서너점
여유롭게 지나가고

바닷물은
동해안을 지나
유유히 흘러가는데

그대는
구름에 앉아 오시나요?
파도를 타고 오시나요?

그대 기다리는
적막한 가을 밤에
나는 잠못 이룬답니다.

올 가을은

그대가 더많이
기다려 집니다

푸른 하늘에는
기러기 짝지어
여유롭게 나르고

저 강물은
서해안 품에 안겨
유유히 흘러가는데

그대는
기러기 따라 오시나요?
돋단배를 타고 오시나요?

그대 사모하는
쓸쓸한 가을 밤에
나는 잠못 이룬답니다.

가을 사랑 2

가을 산에
불을 지른다

시뻘겋게
타오르는 불덩이는
그대 가슴에
외로움을 달래주네

깊고깊은 산골짜기
불타는 그곳에
그리움도 있네

아직도 그대의
그리움은 살아있는
첫사랑!

가을 정경情景

가을 바람이
선들선들 불어와
상사화 열병한
상림공원 숲길을 걸어가요

가을 바람은
나에게
황금 들녘으로
가자고 하네요

황금 들녘의
논둑길에서
내 마음도 가을이되어
풍요롭게 익어가네요

가을 햇살아래 눈부신
논둑길 정다워라
저 멀리서 밀려오는
추억들도
함께 걸어가고 있네요.

가을

가을은
벼 이삭이 패면서
함께 오지만

뒷산에 단풍이
물들면서 비로소
가을은 온다

가을은
오색단풍이
풀벌레 울음소리가

가을을
아름답게
하는데

떠날때는
너의 흐느낌이
아쉬워서

나를
슬프게 하네!

9월의 오솔길

자작나무 숲길지나
맑은 계곡물의
노래가 들리나요

바위에 부딪치며
되돌아 나오는
저 맑은 물이 보이나요

마음도 맑아
앞서가는 물의
등 떠밀고 따라 가면

안다는듯
고개 끄덕이며
출렁이는 물결처럼

마음도 익어가는
구월의 오솔길을
우리 함께 걸어가요.

가을 밤에

쓸쓸한
가을 밤에
소쩍새가
먼 산에서 애슬피
엄마찾아 울고요

산 모랭이
돌아앉은
외딴집 산자락에
어둠이 내려
인적이 드문데
머나먼 길 가신
엄마품이
그리우며
애타게 불러봅니다

그러다가
뜨락에
내려앉아
가을밤 하늘을
쳐다보며

쏟아지는
별을 헤다가 그만
엄마의 그리움에
눈물을 흘립니다.

들국화

1
양지바른 언덕
풀섶에 샛노란
들국화가 피었네

외로움을
가득 안고
피어 있는데

밤하늘
별빛이 내려준
이슬에

꽃잎향은 더욱
진하고

첫사랑 그대는
국향속에 묻혀
들국화가 되었네.

2
갈바람에 일렁이는

샛노란 들국화의
국향따라

천리밖에 있는
벌, 나비도
꽃을 찾아오는데

혹여 첫사랑은
그대만의 향기가 되어
찾아 오지않으오리까?

꽃잎들의 속삭임이
밀려오는 이밤에
발걸음은

벌써
그곳으로
가고

양지바른 언덕
풀섶에 샛노란
들국화가 피었네!

제주의 가을 1

제주의
가을은
북해의
구름위를
누워오시려나!

제주의
가을은
남태평양
바다위를
걸어오시려나!

아직도
그대 소식은
들리지 않고
하늘에는
뭉게구름이 떠 있고요

바다에는
철석대는
파도소리에
제주 가을은
곱게 물들어 가네요.

제주의 가을 2

제주의 가을은
소슬바람 따라
오시나요

아름다운
노을과 함께
놀다가 오시나요

백록담에는
불타는 노을에
물들고 있어요

한라산에는
아름다운 단풍잎이
자수를 놓을때

제주의 황노루는
코끝으로
소슬바람 따라
가을이 오네요.

입동

아직도
단풍잎은 달랑달랑
가쁜 숨을 쉬고

단감나무 감은
입동에도 빠알갛게
익어가고

산국화는
서리도 못막아
샛노랗게 피어나는데

쏴 바람소리에
창문을 열어보니
그대는 오지 않고

삭풍은
나무가지
끝에 스치고 있네!

첫눈

새하얗게
첫눈이 내리네

첫눈이 오면
첫사랑 그대를
소나무골 카페에서
만나기로 하였는데

오는 것인지
안오는 것인지
잿빛 눈속에서는
보이질 않고

눈, 바람이 불어와
그대의
기별인가 보니

애가타게 기다리는
그대는 오지 않고
눈만 녹아 내리고있네!

첫눈이 오는 날에

첫눈이
오는 날에
당신이 온다는 눈길을
따라가고 있습니다

당신처럼
포근하고, 아름답고
순수한 순백의 길로
가고 있습니다

그 길은 가슴을
따뜻하게 하지만
황금빛 들녘처럼
풍요롭진 않습니다

눈송이 처럼
포근함이 좋아
눈 장난을 치며
심술이 나는 길입니다

어둠이

내리는데
눈사람이 되어
그리로 가고있습니다.

3부
포기하지 않은 꿈

포기하지 않은 꿈
4살 손자
손자가 오는날
손자의 꿈
아기 거북이
원장님 손은 약손
아내의 전화
아빠 좋아
김장 김치
행복한 명절
돈
안부 전화
인생길
한글날
한글의 힘
무궁화
무궁화 꽃이 피었어요
연꽃은
나팔꽃 연정
사루비아
조개구름
은빛 물결
한가위 추석에
자유 소리
그리움
그림자
첫눈이 내리는데
눈 오는날
신축년의 새아침이 열리다
임인년의 새 아침에

포기하지 않은 꿈

혹시
실패했다고
포기하지 마세요.

혼자가
아니기에
일어설 수 있어요

나도
어려운 고비
넘긴 일 많았지요

기죽지 마라
세끼 밥못먹겠냐?
어머니의 그 말씀에

용기내서
살아온 인생칠십
돌아보니 행복입니다

그래요
당신도
포기하지 마세요.

4살 손자

손자 재희는 할머니가 세분
맘마 할머니는 돌봄 할머니

하집 할머니는 아랫층 외할머니
까까할머니는 친할머니다.

4살인 손자는 필요에 따라
할머니를 부르는데
스스로 고운 이름지어

부르는 것이
하도 신기해
그에게 물어봐도

비밀인양
방긋방긋
웃기만 하네!

손자가 오는날

일요일 아침
면도하고 샤워하고
향수뿌리고
설레이며 기다린다.

현관문 열면서
고개 쏘옥 내밀어
숨바꼭질 걸어오는
사랑하는 손자다.

번쩍들어주고
꼬옥 안아주며
고사리 손발
꼼지락 만져

빵긋빵긋 웃으며
안부도 물어본다
할머니
무슨 요일이 좋아?

네가 오는 날이

제일 좋아
손자는 마냥 즐거워
깡충깡충 뛰노네요.

손자의 꿈

오후 손자
손 잡고
놀이터를 간다

재희야
할아버지 좋아?
네, 할아버지는?
나도 네가 좋아

다음에
어떤 사람이
되고 싶어?
과학자!

아빠는
의사가
되었으면 해,

그래도 과학자
되고싶어?
네, 그럼 과학자

하도록 말해줄께!

나는
네 편이야!
내 사랑 손자는
그 말에 좋아하며
그네를 신나게 탄다.

아기 거북이

바닷가 은빛
모래 밭에
아기 거북이
엄마 찾아
용궁을 간다.

형제들은
어디가고
어쩌다
혼자 남아서
저리도
아장아장

곧은 목을
곶추 세우고
허겁지겁
걸어가는가

엄마아— 엄마아—

애절하게

부르며
아기 거북이
엄마찾아
용궁을 간다.

원장님 손은 약손

새장에서 치료받는
새 한마리

아니, 아직 제대로
날지못하는 새

말복에 폭염
삼십칠도라도 좋아

우리 원장님
신기의 의술로
드넓은 창공을
힘껏 날고파

오늘도
희망의 창문을 열고
채민수 원장님의
약손을 기다린다.

아내의 전화

비가 오는
날에는
전화하는
아내가 있다

집에 들어올 때
막걸리 한병사오란다

파전지지미
맛있게 만들어
한잔 하자고

정성가득
행복가득
술잔에 담아
잔을 추스리고

오늘도
장미빛 미래를
그리며
사랑잔을 든다.

아빠 좋아

아빠
내가 좋아
그럼

너도
아빠가 좋아
응!

김장 김치

겨울을 앞세우고
김장 담그는
날에

미리 준비한
절임배추
양념을 섞어

쓱싹쓱싹 비벼 넣으며
맛을 보며 호 호
즐거운 가족 하 하

붉은 손, 붉은 얼굴
모두 붉게
고추 물들어

이마에 매운향이
연신 맺히면
소매끝에 훔치고

어머니의 옛 김치맛이

입안에 감돌며
마음이 시큰해지는데

김장 김치는
냉장고 속으로
차곡차곡 들어가

편안한 밤을 이루네!

행복한 명절

명절이 오면
장롱 속 깊숙이
두었던 인절미를
화롯불에 구어 먹던
어린 추억이 있어 좋고

슬하에 아들, 딸
며느리, 손자와 오손도손
사랑스런 눈빛 보며
마음을 털어놓고
지낼 수 있어 좋고

때로는 힘들고
어려울 때 위로해 주고
위안을 해주는
가족이, 형제가
친구가 있어 좋고

차분히
성찰하고 자유스럽게
노래부르며 화담하고
술 한잔할 수 있는
친구가 있어 명절은 행복하다네!

돈

수수를 잘 하면
보물이 되고

수수를 잘 못하면
애물이 되네

돈은 행복도 되고
불행도 된다네!

안부 전화

1
야야 애비야
별일 없냐?
요즘은 어찌
그렇게 전화도 없느냐?

아―네
어머님은 요?

나야 그냥저냥 지낸다
너나 어쨌든
건강해라

2
집안 단단히
챙기라 하시고

전화비 걱정에
빨리 끊어라시던 어머님

그 어머님의 전화
목소리가
오늘따라
그립습니다―

인생길

인생은
초승달 따라
길손으로 왔다가
홀로 가야할 길

인생길 가다보면
별빛에 안긴
푸른 파도 곁으로 긴 모래마당에
발자국이라도 남겨놓은채

외롭게 뜬 그믐 달밤에
빈 손 활짝 펴고
구름 따라 떠나가는
나그네로다.

한글날

한글날 아침은
세종대왕의 아침

태양이 더욱 크게
힘차게 솟아 오르고

훈민정음은
한국인의
세계문화유산

세계 만방에
파노라마가 되어
퍼져 나가는데

방탄소년단의
우리 말 노래는
한국인을 넘어

세계인이 열창하고
하나가 되네.

한글의 힘

세종임금님께서
창제하신 한글은
어린백성을
어여삐 여기신지라

그 한글이 유네스코의
세계기록 문화유산도
되다니
민족자존의 자랑아닌가?

더우기 방탄소년단의
우리글 노래말로
노래하자 세계인이
한글로 하나되더이다.

무궁화

오천년 역사를
무궁화 꽃술에 담아
백두에서 한라까지

팔도강산에
오천만 가슴속에
겨레 혼 살려

조국 광복의
자유물결 속에서
다시핀 우리꽃

그대는 월드컵
오 필승코리아로
하나될 때에는

파란 수정처럼
새가지 푸른 잎에
찰삭 달라붙어

세계인 앞에서

태극기 휘날리며
만세를 불렀다

밤새 이슬 젖은
흰색의 단아함은
백의민족의 모태요

보라색의 그윽함은
따뜻한 가슴과 같은
우리나라꽃 무궁화다

오늘도 가로등 아래서
밤잠을 잊은채
나라 사랑 일편단심이다.

무궁화 꽃이 피었어요

안산다고 하고
사는 안산에서는
무궁화꽃이 피지않는
안산인가 했는데
무궁화 꽃향기가
천리를 밀려옵니다

그 꽃향기 따라
머나먼 길을 찾아가니
화폭에서 활짝 피어난
우리꽃 무궁화꽃
꽃 중의 꽃 무궁화
꽃향기가 화폭에 가득합니다

세계인이 보는 앞에서
한국인의 유일무이한
섬세한 손끝에서
억겁의 세월을 담아
화폭에서 무궁화는
예쁘게 피었습니다

이 세상에
당당하고 곱게 피어나
천만년을 지지않을 것이요
그윽하고 단아함이
세계의 꽃 중의 꽃 무궁화꽃이요
나라사랑 일편단심입니다.

연꽃은

새벽 이슬
또르롱 구르는
연꽃잎에서
아침이 열린다

연밭은 머드빛
진흙뻘로 혼탁해도
청순한 소녀처럼
언제나 피어나고

붉은 입술에
담긴 말씀
중생 사랑의
자비로운 미소

부처님 앉으신
연꽃 자리에
부처님의 은혜가
언제나 피어 있네.

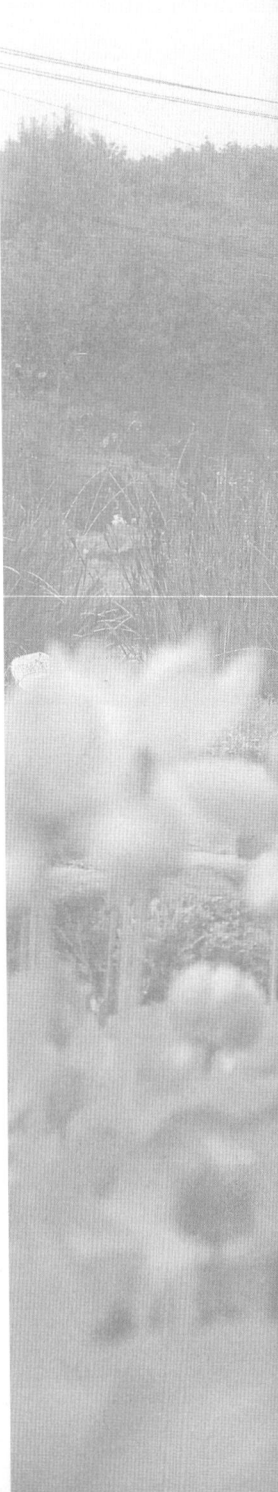

나팔꽃 연정

1
아파트 베란다
작은 화분에
심어놓은 나팔꽃

햇빛 꼬리를 물고
짙푸른 하늘을
향해 오르며

언제나
사랑하고 웃으라고
타이르는것 같네

2
새벽이면 별들을
불러모아 하늘길
안부를 물어보고

이른 아침
창문을 열어보니
파란종을 치는듯

천길 낭떠러지
혹여 떨어질까
조바심하네

3
비바람 불어오면
그대 오시는 길목마다
빨간등 걸어놓고

아침마다 예쁘게
피어나는데 덧없는
사랑인줄 알면서도

그대 사랑을 위하여
반나절 짧은 생을
예쁘게도 피어나는가?

사루비아

어서
예쁘게 피어라
선홍색 고운 옷
입고서 예쁘게
피어나라

그대는
누구의
그리움을
불태우던
열정의
사랑이였나요?

선홍색
고운 옷 입고서
피어난 사루비아
그대는 애타는
내 사랑을
알고나 있나요?

조개구름

은하천의
새하얀
조개구름

살랑살랑
하이얀
숨을 쉬네

바람 불면
거세게
몰아 쉬네.

은빛 물결

수평선의
잔잔한 물결은

반짝반짝
은빛 숨을 쉬네

바람이 불면
거세게 몰아 쉬네.

한가위 추석에

동네 뒷산에서
밤톨을 주우며
옹골찬 어린 가슴이
설레이던
그런 시절이 그립습니다

동네 이발소에서
해묵은 기계에
머리털이 뜯겨도
아파하며 깎아야 했던
어린시절이 그립습니다

먹을게 없어
땡감을
잿물에 삭혀
깨물어 먹었던
어린시절이 그립습니다.

자유 소리

코로나에
만사가
짓눌리고
참나무 가지에
매달려있는
매미 마저도 울지를 않네요

우리에게
진정한 삶의
자유가 온다면
매미들의 목청소리가
그대를 부르며
이 숲을 가득 채울 것입니다.

그리움

예쁜 꽃을 보아도
지워지지 않아

꽃가지에 매달려
바람결에 스치며

그대의 모습이
파노라마처럼

그대 가신 길 위로
그리움이 가고있네.

그림자

이른 아침에
텃밭에 고구마
캐러 갈 때 앞장서던
키 큰 그림자

식구들
새참 시간에는
내 옆에 찰싹 둘러붙어
고구마를 먹고있네

온종일 고구마 캐면서
기운이 소진되었는가?
집에 올 때에는 잿빛같은
모습에 연민을 느끼고

길 언저리에서
가로등 아래에서
숨바꼭질 하면서
나의 피로를 달래는
키 작은 그림자
네가 있어 외롭지 않구나!

첫눈이 내리는데

하늘에서는
사락사락
첫눈이 내리는데

지리산 고을
노루목
우리 집에는

세상에
금방 출산한
아기염소 두마리

어미 염소는
오물오물 고 까아만
몸을 만져주고

음메에— 음메에—
아가를 부르며
사랑을 주고

무쇠솥에는

산후참을
데우는데

하늘에서는
사락사락
첫눈이 내린다.

눈 오는날

새벽부터
내리는 눈

하루종일
사락사락
창가를 두드린다

그대는
강철판 눈길을
걸어 오고있을까

그리운
그대 모습 내 모습
그려보고 지워보는데

내가 아끼던
패딩을 내어 줄가
코트를 입혀 줄가?

신축년의 새아침이 열리다

새해 아침 붉은 해가
수평선 위로 세차게
솟구쳐 오르는데
힘찬 함성을 질러본다

경자년은 코로나19가
얼마나 많이 괴롭혔던가?
이제 새해 역경은
말끔히 씻어내어라

밝고 새로운 세상을 보며
성실하고 건강하며
행복하고 사랑하는
한 해가 되리라

첫아침 첫해가 힘차게
솟구쳐 오르듯이
너와 나 소원들이 송두리째
이루어지게 해주소서!

임인년의 새 아침에

임인년 새해 새날
아침에 동해의 짙푸른 바다
수평선 위로 붉은 해가
불끈 솟구쳐 오르는데
감격의 힘찬 함성을 지른다

지난 신축년은
코로나19, 오미크론 역병의
창궐로 마스크에 무표정의 얼굴
가족까지 내왕이 제한되었던
한 해가 얼마나 힘들었던가?

임인년 새해에는
흑호의 기운을 받아
모든 재앙이 물러가고
서로 용서하고, 사랑하고
화해하는 한 해가 되어라

분열과 갈등이 치유되고
가슴이 따뜻한 자유민주주의로
모든 국민이 꿈을 이루고 사는

아름다운 우리나라가 되어라

이제 과거는 지나갔다
미래를 위해 노력을 하며
우리에게도 축복이 넘치고
소원이 이루어 지는
임인년 한 해가 되게 하소서!

문학평론

『포기하지 않은 꿈』이 이룬 안병민의 시

恒山 장 순 휘[1])

평론(評論: criticism)은 문학작품을 정의하고 분류하고 평가하는 작업으로, 하나의 문학작품을 어떻게 이해하고 해석하고 평가할 것인지에 대한 총체적인 과정을 의미한다.[2]) 문학용어 사전에 따르면 평론은 "예술작품에 관하여 의식적으로 평가(evaluation)하고, 감상(appreciation)하는 일"[3]), "분석(analyse)하고, 판단(judge)하는 일"[4])로 규정하여 전문성있는 작업이라는 것을 강조하고 있다. 그러므로 문학작품의 좋은 자질과 그렇지 못한 부분을 선별해내고 비판적으로 분석하고 평가하는 일련의 활동을 포함하는 것에서 독자의 이해를 돕는 섬세하고 예민한 문학의 한 장르이기도 하다.

따라서 시인의 작품을 문학평론가는 작가와 독자사이에서 시에 담긴 사유(思惟)의 내적 의미와 외적 가치를 올바르게 전달하고 평가함으로써 문학 그 자체의 성격과 사회역사적 역할에 대한 비판적 성찰의 기능을 담당한다고 할 수 있다.[5]) 그러나 자칫 비평가의 견해가 특정한 선입견에 입각한 편향된 재해석으로 작가의 진의(眞義)와 문학적 가치를 훼손하는

---

1) 문학평론가, 시인, 수필가, 소설가, 시조시인, 안보칼럼니스트, 정치학박사, 전 청운대 교수, 한마음문인협회 회장, 국방문화예술협회 명예회장, 화랑대문인협회 감사, (사)한국문협 회원, 화랑대문학상 대상, 전쟁문학상 대상, 윤동주서시문학상. 육사화랑문학상 대상
2) 하상일, 『문학비평의 이론과 실제』, (신아사, 2019), p.13.
3) J.T.Shipley(ed), Dictionary of World Literary Terms, Boston: The Writer Inc. Publisher, 1970,p.66.
4) Roger Flower(ed), A Dictionary of Modern Critical Terms, London; Routledge & Kegan Paul, 1973, p.42.
5) 하상일, 『문학비평의 이론과 실제』, (신아사, 2019), p.14.

오류를 저지른다면 씻을 수 없는 문학사의 과오(過誤)로 남는다는 점에서 과중한 스트레스에 시달리기도 한다. 그러므로 비평가는 작품을 꿰뚫어 보는 통찰력(insight)를 통하여 작가의 다중적 심리(mentality)를 보편타당한 관점에서 대관세찰(大觀細察)하여 독자의 이해를 돕는 것이다.

 작가가 아닌 제3자가 작품을 완벽하게 심독(心讀)한다는 것은 불가능한 인간의 영역이기도 하지만 그러나 인간이기에 헤아릴 수 있는 공유의 범위는 상존한다. 따라서 이번에 첫 시집 『포기하지 않은 꿈』을 상재(上梓)하는 극중(克重) 안병민 시인의 시들은 난해성보다 보편적인 감성의 관점에서 충분하게 공감할 수 있다는 점에서 기분좋게 만날 수 있었다. 극중 안병민 시인은 경남 함양을 고향으로 태어난 점에서 일단 'country-boy'라고 체크를 해두어야 한다. 1949년생인 점에서 올해 73세의 초로(初老)의 연세인 점에서 첫 시집을 만들어 냈다는 것이 동년배 분들의 삶에 비견하여 기절초풍(氣絶招風)할 일은 맞다.

 1996년(47세)에 석사를 마치고, 2009년(60세)에 박사를 획득했다는 것은 바로 극중시인이 남들과 다른 인생의 단면을 보여주었다. 그것은 바로 만학도(晩學徒)로서 인생에 대한 성실근면함을 그대로 방증하는 것이다. 이러한 끈질긴 도전과 성장에 대한 집념은 삶의 장애물(obstacles)을 극복하면서 꿈꾸던 것은 반드시 이루고자하는 작가의 인성(人性)과 도덕성(morality)을 보여주었다. 특히 젊은 청춘시절에 군을 위관장교(ROTC#10)로 당당히 마쳤다는 점에서 내재된 강인한 시적 배경을 읽을 수 있다. 따라서 그의 아호(雅號)가 극중(克重)이라는 점에서 운명적인 어울림을 발견한다. '극(克)'은 인생에서 겪을 수 있는 난관을 군인정신으로 극복하고자하는 삶의 철학의 가치기준이고, '중(重)'은 무게의 중심 또는 겹겹이 무겁게 닥치는 삶의 도전을 통하여 흔들리지 않는 중력(重力)을 잡고가겠다는 특별한 아호이기에 누구에게나 인상적이기도 하다.

 극중 안병민 시인도 군을 전역후에는 회사원으로 승승장구를 하여 대기업의 임원을 역임하면서 가장(家長)의 소임을 다하였고, 2003년(54세)에는 신성대, 혜전대 외래교수, 배재대학교 겸임교수로 강단에 서면서 '포기하지 않은 꿈'을 이루어냈던 멋진 모습으로 '일하면서 가르치는' 정말 바쁘고 보람된 인생의 불꽃을 태웠던 것이다. 그의 삶을 들여다보면 다양성보다는 성실근면한 '새마을정신'[6]세대 다운 강인한 정신을 발견할 수 있다. 더욱이 지난 2019년(70세) 월간 문학공간 신인문학상을 받으면서 '시인'으로 등단한 것은 인생의 백미(白眉)라고 할 것이다. 통상 우리 사회의 70대가 사회적으로 은퇴(隱退)라는 시간여행을 할 시기에 새롭게 도전과 변화를 통한 성장을 위하여 '문학(literature)'을 선택한 것은 극중만이 할 수 있는 인생의 화룡점정(畵龍點睛)였다는 점에서 경의를 보내며 그의 시를 만나러 가는 것이 예의(禮儀)가 아닐까 한다.

■ 고향에 뿌리를 둔 시심은 순수하다

 일찍이 18세기 프랑스의 문인이요 박물학자인 뷔퐁(Buffon G.L.L.)은 "글은 곧 사람이다"라고 말한 것처럼 운문(韻文)이든 산문(散文)이든 모든 문학작품속에는 작가가 한 평생 살아오면서 쌓아온 학식과 경험을 바탕으로 인생철학과 삶의 흔적이 녹아있기 마련이다. 시의 본질은 이미지 구현과 시적 대상의 의미 확충을 통한 메타포(metaphor)에 충실할수록 빛이 난다. 그러면서도 시에 리듬을 입히고 내면의 정서를 의미화하고 나아가 비전의 확대를 통한 성찰의 사유를 이끌어 낸다면

---

6) 새마을운동의 바탕이 되는 근면, 자조, 협동의 정신으로 '잘살아보자'는 정신혁명의 국가기조이다.(네이버 어학사전)

더할 나위가 없을 것이다.

제1부에서 보여주는 '고향'의 진면목(眞面目)을 시인만의 바라봄(see-sighting)의 눈으로 쓰여졌기에 아주 마음 편하게 작가를 만날 수 있다. 극중의 「시인의 말」에 "수업이 끝나고 귀가하면 책보따리를 던져두고 동네 아이들과 소몰고 산으로 간다"라는 문장을 대하면서 소년 안병민이 얼마나 순수하고 해맑은 농촌의 아이였다는 점에 의심을 하지 않는다. 그의 시 〈고향 예찬〉에서 고향의 고대사부터 현대사까지 역사를 통찰하면서 써내려가는 것은 시인이 얼마나 고향을 사랑하는가를 대변하는 명품시라고 할 것이다.

1
일천년 역사의 천령문화
상림上林7)의 푸른 잎에 담아
지리산에서 덕유산까지

사만 군민의 후덕한 가슴속에
고고한 선비의 혼 살려
잔잔한 자유 물결속에서

활짝 피어나는 산삼축제가
세계인이 하나되는
천령天嶺문화 꽃입니다

---

7) 함양상림숲은 천연기념물 154호로 진성여왕때 최치원선생이 조성한 면적 21ha의 인공숲임.

2
숲속에 있는 연리목은
소원을 들어준다는
소문에 사람들이
줄지어 모여들고

젊은 연인들은 정성으로
기도하면 사랑도 이루는

천령문화로 남녀노소
하나되는 고향의
정겨움입니다

3
봄이면 밭 갈고
가을이면 알곡 거두어
꿈과 희망이 영글고

이웃집 새댁이 활짝 웃으면
논둑에서는 노래소리 들려오고
고샅고샅에는 아이들
재잘재잘 어울림이

이슥한 밤하늘 푸른 별빛이
쏟아지는 줄 모르던
행복한 고향 함양입니다. ('고향 예찬' 전문)

〈고향 예찬〉에서 극중시인은 역사의 시간과 지리적 범위와 문화의 고향을 자랑하였고, 특히 상림숲의 특징을 잘 그려내면서 고향 함양의 농촌전경을 섭생하고 고향민들의 삶의 정을 듬뿍담아서 도시적 오염과는 차별화된 청정으로 '이슥한 밤하늘 푸른 별빛이 / 쏟아지는 줄 모르던 / 행복한 고향 함양입니다'라는 겸손한 마무리에서 독자들은 고향의 존재를 부러워 할 수 밖에 없을 것이다.

내가
태어난 유림은
지리산 자락에
화장산 줄기가 감싸며
산수가 조화된 밝고
따뜻한 명당입니다

우리땅 어딜가나
살기 좋은 곳이지만
칠선계곡 일급수 원류인
엄천강에는 은어도
반짝이는 아름다운
선비 고을입니다

조상 대대로
살아오며
구슬땀이 옥토되어
해 마다 논밭에서는
오곡백과가 풍요롭게

익어가는 고장입니다

후하고 넉넉한
순박한 인심에
서로서로 도우고
나누며 기죽지 않고
살아가는
생기있는 고향입니다

방방곡곡
흩어져 살면서도
마음 한자락에 두고서
잊을 수 없는 곳
내 삶의 사랑이 깃든
유림이랍니다. ('내 사랑 유림' 전문)

    〈내 사랑 유림〉은 다시 한 번 극중 안병민 시인의 애지중지 고향 사랑의 깊이를 더해준 아름다운 시심을 읽을 수 있다. 소재를 풀어가는 작가의 기승전결(起承轉結)의 짜임새를 보여주는 관점에서 잘 쓴 시로 꼽을 수 있다. 제목으로 쓴 '유림'에 대한 제1연에서의 정의는 손볼 데가 없는 깔끔한 시작으로 고향의 터전을 '명당(明堂)'으로 표기한 것은 시어(詩語) 선택의 압권(壓卷)이다. 특히 제2연에서 대한민국 3대 계곡의 하나인 지리산 '칠선계곡'과 '엄천강'에 대한 환경적 무오염의 자부심은 은어(銀魚)라는 생명적 메타포(metaphor)를 통해 고향자랑의 무결점을 보여준다.

이어서 제3연에서 농촌의 뿌리를 '조상대대'로 찾아내서 '구슬땀이 옥토'되었다는 표현은 가히 탁월한 표현이라고 안할수 없다. 그 옥토의 땅에서 자랐다는 것은 오늘날 도시에서 포장된 아스팔트를 걸으며 자라는 현대인들에게 혹자에게는 신비한 과장으로도 비추어질 것이다. 그러나 그것은 도시인의 삭막한 삶의 환경이기에 고향이 없다는 반어법적 표현으로도 해석될 수 있다. 제4연에서 오늘날에도 살아있는 '후하고 넉넉한 / 순박한 인심에 / 서로서로 도우고' 사는 고향의 '생기'를 거듭 확인하는 작가는 결국 제5연에서 "한 번 함양인은 영원한 함양인"이라는 표어는 아니더라도 함양사람이라면 '흩어져 살면서도 / 마음 한자락에 두고서' 사는 사람들이 함양군민이라는 애향심의 뿌리가 '유림'이라고 밝혀서 시인 스스로 성지(聖地)에서 태어난 성인(聖人)의 일원이라는 함양인의 성화(聖化)를 강조한 점은 애향시의 자연과 자신이 합일(合一)되는 극적인 표현을 남겼다고 평가한다. 거듭 극중 안병민 시인이 얼마나 고향을 향한 수구초심(首丘初心)으로 인생을 살아왔는가를 보여주는 시이기도 하다. 그는 고향을 지극히 사랑하는 '애향시인'으로 불러도 충분한 시심을 가진 함양의 시인이다.

▣ '사계절(four seasons)'에 대한 시적 소재는 전원적이다

　안병민 시에서 '계절'에 대한 시인의 관심은 인생의 생노병사(生老病死)를 자연과 함께 순응하며 살아가는 조화로운 삶의 시라는 것을 보여준다. 아시는 바와 같이 인간도 자연의 일부라는 것은 명백한 진실이다. 적어도 문학에서는 과학적인 무미건조함을 피하여 인간의 존재를 자연의 일부로 공생하며 살아야 시가 생존한다. 인간에 의하여 대상화되고 객체화되는 자연이 아니라 신비롭고 거대한 생명력을 지닌 자연의 일부분이 바로 인간[8]이라는 사실을 느낀다면 안병민의 시들이 왜

---

8) 우리말샘, 〈문화저널21〉, (2009년 9월)

사계절에 각별한 대상화나 객체화가 아닌 그 자체가 시의 소재가 되는 고결한 동시성(synchronization)과 일체성(ethnicity)으로 '사계절'과 함께 동거동락(同苦同樂)하는 애절함에서 발견할 수 있다.

매화꽃이
피는 날
당신이 온다는 그 길
따라 걷고 있어요

꽃송이 처럼
포근하고, 아름다운
여림의 봄속으로
가고 있어요

그 길은 가슴을
따뜻하게 하고
꽃잎의 매혹에 끌려
외롭진 않아요

꽃송이 처럼
포근함이 좋아
꽃장난을 치면
시샘이 나는 길이지요

어둠이
내리는데

매화꽃이 등불이 되어
다시 찾아 가지요. ('매화꽃이 피는 날' 전문)

〈매화꽃이 피는 날〉은 제2부를 여는 시로서 계절의 첫 꽃이다. 매화를 노래한 극중시인의 마음을 들여다볼 수 있기에 봄의 사랑을 보여준다. 시의 구성에서 매연마다 꽃을 반복하는 기법은 꽃에 대한 사랑의 밀도를 보여주는 것이며, 마지막 연에서 '어둠이 / 내리는데 / 매화꽃이 등불이 되어 / 다시 찾아가지요'는 매화꽃을 등(燈)으로 비유하여 밤에도 빛나는 매화로 생명력을 주었다는데 높은 평가를 주고자 한다.

〈봄의 서정〉, 〈입춘〉, 〈봄날이 오면〉, 〈초승달빛 아래 복사꽃 피다〉 등에서 보여주는 봄의 향연이 시인의 따스한 정서와 인지적 자생력을 보여주기에 충분하다. 특히 〈초승달빛 아래 복사꽃 피다〉의 연분홍색깔의 수채화는 심미적(審美的) 극치미를 보여주는 봄의 시로 추천하고자 한다. 마지막 연에서 '복사꽃 / 징검다리를 놓을까 / 예쁜 꽃비 / 양산을 준비할까?'라고 독자에게 선택을 묻는 시적 표현은 봄바람에 흩날리는 '꽃잎이 비처럼 쏟아지는' 순간을 핸드폰 카메라로 찍어서 기어코 독자들과 공유하고자하는 시인의 이타적(利他的) 인성을 발견하며 그의 동작적 해프닝이 미소짓게 한다고 할 것이다.

이처럼 극중 안병민시인이 첫 시집에서 보여준 시들은 사고(思考)와 정서(情緒)를 성인의 인지(認知)에서 재생해 내는 것은 결코 단순한 작업이 아니라는 것을 실증하고 있다. 따라서 시와 다른 영역에서 정교하고 순수하고 치밀한 서정성(抒情性)을 탐구해 내야하는 사유(思惟)가 전제되어 결과물로서 창작되는 점에서 문학적 가치에 충실하고자 애쓴 시인의 흔적을 높이 평가하고자 한다.

여름계절에는 〈오월은〉, 〈6월의 그리움〉, 〈초록의 칠월에〉, 〈8월의 서정〉 등에서 질서있는 시간적 구조를 사전에 준비한 장교출신다운 치밀한 기획력이 돋보인다. 가을계절에는 〈가을 여정〉, 〈가을 연정〉, 〈가을 사랑1〉, 〈가을 사랑2〉, 〈가을 정경〉 등 풍요로운 가을 정서를 흠뻑 느끼면서 〈제주의 가을1〉, 〈제주의 가을2〉로 타향에 대한 국토사랑이 결국 〈들국화〉로 결실을 맺는다. 그런데 독자들은 가을에 등장하는 '그대?'에 대한 꼬리표를 발견할 수 있을 것인데 과연 시인의 '그대'는 '가을일까' 아니면 '가을의 추억일까' 아니라면 '가을을 사랑하는 아내일까' 하는 질문의 답을 찾는 평론의 해부학(解剖學)시간은 독자의 몫으로 남기고자 한다.

가을 산에
불을 지른다

시뻘겋게
타오르는 불덩이는
그대 가슴에
외로움을 달래주네

깊고깊은 산골짜기
불타는 그곳에
그리움도 있네

아직도 그대의
그리움은 살아있는
첫사랑! ('가을 사랑2' 전문)

요즈음 산불이 극심하여 국가적 불안이 우려되는데 시인 안병민은 제1연에서 '가을 산에 / 불을 지른다'더니 제2연에서 '시뻘겋게 / 타오르는 불덩이는 / 그대 가슴에 / 외로움을 달래주네'로 일단 진정되니 다행스럽다고 할 것이다. 물론 단풍의 불꽃이니 걱정은 없지만 시인이 재생(再生)시킨 제4연의 '아직도 그대의 / 그리움은 살아있는 / 첫사랑!'의 '불과 불덩이'라니 이 꺼지지 않는 첫사랑의 추억이 바로 그 '그대였을까'하는 추론을 해본다.

물론 수사극에서처럼 범인을 추적하는 과잉수사는 필요없는 것이 누구나의 가슴에 숨어있는 첫사랑일 것이다. 그러나 안병민시인의 가을은 결국 〈가을밤에〉의 제4연에서 '쏟아지는 / 별을 헤다가 그만 / 엄마의 그리움에 / 눈물을 흘립니다.'로 귀결되는 사모곡(思母曲)은 극중 시인의 효심을 읽을 수도 있어서 좋다. 극중 시인에게 어머니는 완전한 사랑의 본질이기도 하다.

■ '포기하지 않은 꿈'이 마침내 이룬 시인의 길

리차드(Richard)는 시의 중요한 요소를 말뜻(sense), 느낌(feeling), 어조(tone), 의도(intention)의 함축성을 강조하였고, 언어를 과학적 언어(scientific use of language)와 정서적 언어(emotive use of language)로 구분하였다. 시인 안병민은 이러한 기본기에 충실한 시인으로 과도한 기교를 앞세운 난해성(難解性)과 은유(隱喩)로 독자를 현혹하거나 자괴감이 들도록 하지 않는 편안한 시어와 소재를 중심으로 꾸며진 점에서 현대시의 제 모습을 보여주고 있다. 동시에 일상의 삶을 소박하게 그려낸 생활시에서도 우리는 시가 과연 어려운 것인가에 대한 해답도 얻는다.

혹시
실패했다고
포기하지마세요

혼자가
아니기에
일어설 수있어요

나도
어려운 고비
넘긴 일 많았지요

기죽지 마라
세끼 밥 못먹겠냐?
어머니의 그 말씀에

용기내서
살아온 인생 칠십
돌아보니 행복입니다

그래요
당신도
포기하지마세요. ('포기하지 않은 꿈' 전문)

 제3부에서 시집의 주제시 〈포기하지 않은 꿈〉을 만나는 것은 시를 읽어온 독자의 입장에서 다시 시작하는 듯한 따스한 분위기를 만나고

*매화꽃이 등불이 되어
다시 찾아 가지요.* ('매화꽃이 피는 날' 전문)

 〈매화꽃이 피는 날〉은 제2부를 여는 시로서 계절의 첫 꽃이다. 매화를 노래한 극중시인의 마음을 들여다볼 수 있기에 봄의 사랑을 보여준다. 시의 구성에서 매연마다 꽃을 반복하는 기법은 꽃에 대한 사랑의 밀도를 보여주는 것이며, 마지막 연에서 '어둠이 / 내리는데 / 매화꽃이 등불이 되어 / 다시 찾아가지요'는 매화꽃을 등(燈)으로 비유하여 밤에도 빛나는 매화로 생명력을 주었다는데 높은 평가를 주고자 한다.

 〈봄의 서정〉, 〈입춘〉, 〈봄날이 오면〉, 〈초승달빛 아래 복사꽃 피다〉 등에서 보여주는 봄의 향연이 시인의 따스한 정서와 인지적 자생력을 보여주기에 충분하다. 특히 〈초승달빛 아래 복사꽃 피다〉의 연분홍색깔의 수채화는 심미적(審美的) 극치미를 보여주는 봄의 시로 추천하고자 한다. 마지막 연에서 '복사꽃 / 징검다리를 놓을까 / 예쁜 꽃비 / 양산을 준비할까?'라고 독자에게 선택을 묻는 시적 표현은 봄바람에 흩날리는 '꽃잎이 비처럼 쏟아지는' 순간을 핸드폰 카메라로 찍어서 기어코 독자들과 공유하고자하는 시인의 이타적(利他的) 인성을 발견하며 그의 동작적 해프닝이 미소짖게 한다고 할 것이다.

 이처럼 극중 안병민시인이 첫 시집에서 보여준 시들은 사고(思考)와 정서(情緒)를 성인의 인지(認知)에서 재생해 내는 것은 결코 단순한 작업이 아니라는 것을 실증하고 있다. 따라서 시와 다른 영역에서 정교하고 순수하고 치밀한 서정성(抒情性)을 탐구해 내야하는 사유(思惟)가 전제되어 결과물로서 창작되는 점에서 문학적 가치에 충실하고자 애쓴 시인의 흔적을 높이 평가하고자 한다.

여름계절에는 〈오월은〉, 〈6월의 그리움〉, 〈초록의 칠월에〉, 〈8월의 서정〉 등에서 질서있는 시간적 구조를 사전에 준비한 장교출신다운 치밀한 기획력이 돋보인다. 가을계절에는 〈가을 여정〉, 〈가을 연정〉, 〈가을 사랑1〉, 〈가을 사랑2〉, 〈가을 정경〉 등 풍요로운 가을 정서를 흠뻑 느끼면서 〈제주의 가을1〉, 〈제주의 가을2〉로 타향에 대한 국토사랑이 결국 〈들국화〉로 결실을 맺는다. 그런데 독자들은 가을에 등장하는 '그대?'에 대한 꼬리표를 발견할 수 있을 것인데 과연 시인의 '그대'는 '가을일까' 아니면 '가을의 추억일까' 아니라면 '가을을 사랑하는 아내일까' 하는 질문의 답을 찾는 평론의 해부학(解剖學)시간은 독자의 몫으로 남기고자 한다.

가을 산에
불을 지른다

시뻘겋게
타오르는 불덩이는
그대 가슴에
외로움을 달래주네

깊고깊은 산골짜기
불타는 그곳에
그리움도 있네

아직도 그대의
그리움은 살아있는
첫사랑! ('가을 사랑2' 전문)

요즈음 산불이 극심하여 국가적 불안이 우려되는데 시인 안병민은 제1연에서 '가을 산에 / 불을 지른다'더니 제2연에서 '시뻘겋게 / 타오르는 불덩이는 / 그대 가슴에 / 외로움을 달래주네'로 일단 진정되니 다행스럽다고 할 것이다. 물론 단풍의 불꽃이니 걱정은 없지만 시인이 재생(再生)시킨 제4연의 '아직도 그대의 / 그리움은 살아있는 / 첫사랑!'의 '불과 불덩이'라니 이 꺼지지 않는 첫사랑의 추억이 바로 그 '그대였을까'하는 추론을 해본다.

　물론 수사극에서처럼 범인을 추적하는 과잉수사는 필요없는 것이 누구나의 가슴에 숨어있는 첫사랑일 것이다. 그러나 안병민시인의 가을은 결국 〈가을밤에〉의 제4연에서 '쏟아지는 / 별을 헤다가 그만 / 엄마의 그리움에 / 눈물을 흘립니다.'로 귀결되는 사모곡(思母曲)은 극중 시인의 효심을 읽을 수도 있어서 좋다. 극중 시인에게 어머니는 완전한 사랑의 본질이기도 하다.

▣ '포기하지 않은 꿈'이 마침내 이룬 시인의 길

　리차드(Richard)는 시의 중요한 요소를 말뜻(sense), 느낌(feeling), 어조(tone), 의도(intention)의 함축성을 강조하였고, 언어를 과학적 언어(scientific use of language)와 정서적 언어(emotive use of language)로 구분하였다. 시인 안병민은 이러한 기본기에 충실한 시인으로 과도한 기교를 앞세운 난해성(難解性)과 은유(隱喩)로 독자를 현혹하거나 자괴감이 들도록 하지 않는 편안한 시어와 소재를 중심으로 꾸며진 점에서 현대시의 제 모습을 보여주고 있다. 동시에 일상의 삶을 소박하게 그려낸 생활시에서도 우리는 시가 과연 어려운 것인가에 대한 해답도 얻는다.

혹시
실패했다고
포기하지마세요

혼자가
아니기에
일어설 수있어요

나도
어려운 고비
넘긴 일 많았지요

기죽지 마라
세끼 밥 못먹겠냐?
어머니의 그 말씀에

용기내서
살아온 인생 칠십
돌아보니 행복입니다

그래요
당신도
포기하지마세요. ('포기하지 않은 꿈' 전문)

    제3부에서 시집의 주제시 〈포기하지 않은 꿈〉을 만나는 것은 시를 읽어온 독자의 입장에서 다시 시작하는 듯한 따스한 분위기를 만나고

극중 시인이 내미는 손을 잡고 일어나는 기분을 느낀다. '포기'라는 단어는 인생에서 가장 비난받아 마땅하고 실패에 뒤따르는 세트메뉴(set-menu)같은 단어 아닌가? 포기하였기에 이루지 못한 꿈이 어디 한둘인가? 인생은 말한다. 포기하는 자에게는 국물도 없다고... 세네카의 명언을 추가하자면 "목표라는 항구를 모르는 배에는 순풍도 불지 않는다"이다. 극중 안병민 시인이 살아온 지난 70여년의 세월에서 깨달음이 있었다면 그것은 '포기하지 않는' 정신의 존재론적 탐구[9]가 있었다는 것을 거듭 강조하고자한다.

그래서 인생특강의 결론같은 시 한 편을 그것은 바로 〈포기하지 않은 꿈(A dream that has not given up)〉으로 사료된다. 2019년 70세에 등단을 하여 시인의 꿈을 이룬 것과 이제 첫 시집〈포기하지 않은 꿈〉을 상재하는 것은 포기하지 않았기에 가능했던 실사구시(實事求是)의 인생을 보여준 쾌거라고 할 것이다.

비가 오는
날에는
전화하는
아내가 있다

---

9) 하이데거의 존재론은 전통철학의 '존재탐구'에 집착하여 존재망각과 본질의 상실초래를 경고하고 있다. 하이데거는 사유(思惟)의 근원은 존재(存在)이며, 존재자의 존재의미를 포착하는 것은 단순한 현상학적 현상의 묘사가 아니라 현상학적 현상에 숨겨있는 것을 발견하는 것이라고 주장한다. 또 "존재는 본질이며 절대적인 것이지만 비밀에 가득한 형이상적 신(神)이다. 따라서 철학이나 시인의 임무는 바로 숨어있는 신의 만남이며, 숨어있는 신의 추상적이고 사유적인 과학적 언어로는 결단코 신과의 해후(邂逅)가 불가능하다. 신은 숨어있지만 분명히 어떤 계시성을 지니고 있다. 그리고 그 계시성은 반드시 어떤 사물 즉 존재를 통해 알리고 있다. 시어(詩語)의 사물성은 바로 존재의 현시(顯示)를 위한 '존재의 집'인 것이다."라고 강조하고 있다.

집에 들어올 때
막걸리 한병사오란다

파전지지미
맛있게 만들어
한잔 하자고

정성가득
행복가득
술잔에 담아
잔을 추스리고

오늘도
장밋빛 미래를
그리며
사랑잔을 든다. ('아내의 전화' 전문)

  이 시에서 보여주는 남다른 부부애는 진솔하고 순수하고 아름다운 완벽한 유화를 보여준다. 아직도 그리는 '장밋빛 미래'는 젊은 날 일과 육아에 있는 것이아니라 바로 사랑하는 아내와의 '사랑잔'이라는데 궁극적으로 공감과 동의를 벗어날 사람은 없다. 제3부에서 보여주는 극중 시인의 자상한 인간미가 곳곳에 스며있다. 〈손자가 오는 날〉, 〈손자의 꿈〉, 〈행복한 명절〉, 〈안부전화〉 등에서 그대로 노출되는 인간적인 삶은 보통사람의 마음으로 하나가 되고 상처있는 사람들에게는 위로가 되는 감사한 소재가 살아있다.

임인년 새해 새날
아침에 동해의 짙푸른 바다
수평선 위로 붉은 해가
불끈 솟구쳐 오르는데
감격의 힘찬 함성을 지른다

지난 신축년은
코로나19, 오미크론 역병의
창궐로 마스크에 무표정의 얼굴
가족까지 내왕이 제한되었던
한 해가 얼마나 힘들었던가?

임인년 새해에는
흑호의 기운을 받아
모든 재앙이 물러가고
서로 용서하고, 사랑하고
화해하는 한 해가 되어라

분열과 갈등이 치유되고
가슴이 따뜻한 자유민주주의로
모든 국민들이
꿈을 이루고 사는 아름다운
우리나라가 되어라

이제 과거는 지나갔다
미래를 위해 노력을 하며

우리에게도 축복이 넘치고
소원이 이루어 지는
임인년 한 해가 되게하소서! ('임인년의 새 아침에' 전문)

2022년 검은호랑이의 해, 임인년(壬寅年)의 신년축시는 극중 시인의 시가 힘을 겸비한 성장의 여지를 보여준다. 그리고 〈포기하지 않은 꿈〉이 새롭게 또 도전하고 변화한다는 패기와 투지를 보여준다. 신년 축시의 축원대로 대한민국이 새롭게 변화하고 있다. 시인은 미래예언적 초능력이 있다다했는데 어쩌면 극중 시인이 국운융성(國運隆盛)의 새 시대를 예고했는지도 모른다. 참 감사한 일이다. 우리 모두에게 올해는 '흑호첨익(黑虎添翼)'이라는 덕담을 주고 싶다. '검은 호랑이에게 날개를 달아준다'는 뜻으로 극중 시인의 새로운 꿈을 축복하고자 한다. 가까이서 보아온 극중 안병민 시인은 정말 인간미가 넘치는 시심을 가지고 산다.

첫 시집에서 독자에게 보낸 시들과 삶이 일치하는 점에서 가식이 없는 그대로의 시인이다. 시에 어디 나이가 있는가? 시는 사랑할수록 젊어지는 것이다. 이제 극중 안병민 시인의 시가 제2집, 제3집이 더 해갈수록 독자들에게 행복한 동행이 될 것을 확신한다. 인생의 노숙함에서 품어 나오는 깊은 사유의 진선미가 시로 창작되어 세상을 위로하고자 했던 시인의 〈포기하지 않은 꿈〉이 있기에 이 얼마나 행복한 문학의 세계인가! 극중 안병민 시인의 문단에서의 눈부신 활약을 기대하며 문운(文運)을 기원드린다.

포기하지 않은 꿈

안병민 시집

발 행 일	2022년 4월 19일 제1쇄 발행
지 은 이	안병민(010-6281-8248)
발 행 처	도서출판 코레드
	서울시 중구 을지로 16길 39 근화빌딩 4층
	T) 02-2266-0751 F) 02-2267-6020

ISBN 979-11-89931-41-4

값 10,000원

* 이 책의 내용을 전부나 일부 재사용하려면 저작권자와
  도서출판 코레드 양측과 협의하여 주시기 바랍니다.
* 파본은 구매 서점에서 교환하여 드립니다.